Bienen

Inhaltsverzeichnis

Vorwort

Bienen sind in der Regel allen Kindern im Grundschulalter gut bekannt. Die meisten von ihnen konnten schon selbst die ein oder andere Erfahrung mit diesen Insekten sammeln. Diese fallen leider nicht immer positiv aus: Viele Kinder (und auch Erwachsene) haben Angst, von Bienen gestochen zu werden. Dabei stechen Bienen nur, wenn sie sich akut bedroht fühlen. Oft werden Bienen auch mit Wespen verwechselt. Bienen sind allerdings – wie alle Insekten – äußerst nützliche Tiere. Von Honigbienen erhalten wir nicht nur Honig, sondern sie bestäuben auch sämtliche Blütenpflanzen. Eine noch viel wichtigere Rolle für die Bestäubung der Pflanzen spielen allerdings ihre nicht domestizierten Verwandten, die Wildbienen.
In diesen Materialien liegt der Fokus auf der Honigbiene. Sie eignet sich gut für eine Betrachtung im Unterricht, da sich an ihr beispielhaft viele typische Merkmale von Insekten besprechen lassen. Neben dem Körperbau, der Fortpflanzung und der Nahrung der Bienen lernen die Kinder in diesem Themenheft auch die besondere Organisationsstruktur eines Honigbienenvolkes und die speziellen Aufgaben der Königin, Arbeiterinnen und Drohnen kennen. Darüber hinaus erfahren die Schüler*innen, wie Honig entsteht und wie Imker*innen arbeiten. Abschließend lernen sie „bienenfreundliche“ Pflanzen kennen und entwickeln Ideen, wie sie Honig- und Wildbienen schützen können.
Die Themenschwerpunkte „Der Körperbau der Biene“, „Im Bienenstock“ und „Fortpflanzung“ werden in drei unterschiedlichen Schwierigkeitsstufen angeboten. Sie sind durch Symbole (1 Wabe = leicht, 2 Waben = mittel, 3 Waben = schwer) gekennzeichnet. Diese Arbeitsblätter eignen sich gut zur inneren Differenzierung, für inklusiven Unterricht, verschiedene Jahrgangsstufen oder als vorbereitende oder vertiefende Hausaufgabe.
Im Anschluss an die Themenschwerpunkte finden Sie weitere Angebote zu dem Thema „Bienen“. In einer Lernzielkontrolle können die Kinder abschließend ihr erworbenes Wissen testen.

Ich wünsche Ihnen mit Ihrer Klasse viel Spaß bei diesem Projekt!

Teresa Zabori

Liebe Lehrkraft,
wir möchten in unseren Materialien niemanden benachteiligen oder diskriminieren. Daher nutzen wir unter anderem das Gendersternchen, um alle Geschlechter anzusprechen. In Texten für Schüler*innen verzichten wir jedoch aus Gründen der besseren Lesbarkeit darauf und nutzen weiterhin entweder die „neutrale“ Form oder Doppelformen. Selbstverständlich sind stets alle Geschlechter gemeint.

Hinweise

Im Rahmen der Unterrichtsreihe bietet sich der Besuch einer Imkerei an. Vorab sollte abgeklärt werden, ob manche Kinder allergisch auf Bienenstiche reagieren. Wenn die örtlichen Gegebenheiten es zulassen, können Bienen auch im Schulgarten gehalten werden. Nähre Informationen dazu gibt es im Internet zum Beispiel unter: *mellifera.de/blog/bienen-schule-blog/der-kleine-imkerschein.html*

Allgemeine Infos über Bienen
Honigbienen wurden schon vor über 5 000 Jahren vom Menschen domestiziert. Sie gehören zu den staatenbildenden Insekten. Ein Bienenvolk besteht aus rund 50 000 Individuen, die meisten von ihnen sind Arbeiterinnen. Diese nehmen im Laufe ihres rund sechswöchigen Lebens unterschiedliche Aufgaben wahr: Unmittelbar nach dem Schlüpfen säubern sie die Zellen, dann füttern sie die Larven mit Pollen und später versorgen sie diese und die Königin mit Futtersaft. Nach zwei Wochen produzieren sie Wachs und bauen die Waben. Ab einem Alter von drei Wochen fliegen die Arbeiterinnen aus, um aus Blütenpflanzen Nektar und Pollen zu sammeln.

Die Bienenkönigin ist größer als die Arbeiterinnen und wird bis zu vier Jahre alt. Kurz nach dem Schlüpfen fliegt sie auf ihren Hochzeitsflug, bei dem sie von einem Schwarm männlicher Bienen, den Drohnen, umgeben wird. Mit einigen Drohnen paart sich die Königin und beginnt anschließend im Bienenstock mit der Eiablage. Vom Frühjahr bis zum Sommer legt die Königin jeden Tag bis zu 2 000 Eier in die Wabenzellen. Nach vier Tagen schlüpfen aus den Eiern kleine, zunächst gekrümmte Larven, die sich am zehnten Tag in die Länge strecken und verpuppen. Nach 21 Tagen schlüpfen die ausgewachsenen Bienen aus den Zellen. Ob sich aus einer Larve eine Königin oder eine Arbeiterin entwickelt, hängt von ihrem Futter ab: Während die Larven der Arbeiterinnen nur in den ersten drei Tagen mit dem besonderen, zucker- und proteinhaltigen Futtersaft Gelée Royal gefüttert werden, erhalten angehende Bienenköniginnen diesen in der gesamten Zeit ihres Larvenstadiums.

Während die weiblichen Bienen aus befruchteten Eiern schlüpfen, entwickeln sich die Drohnen aus unbefruchteten Eiern. Sie sind den Arbeitsbienen zahlenmäßig weit unterlegen: Neben Zehntausenden Arbeiterinnen leben in einem Bienenvolk nur einige hundert Drohnen. Ihr Leben ist ausschließlich auf eine einzige Aufgabe hin ausgerichtet: sich mit einer Königin bei ihrem Hochzeitsflug zu paaren. Nach der Paarung sterben die Drohnen.

Sind die Bienen bedroht?
Tatsächlich hat die Menge an Insekten in den letzten Jahrzehnten dramatisch abgenommen. Auch Bienen sind davon betroffen, allerdings weniger die Honigbienen als vielmehr die Wildbienen, von denen es rund 560 verschiedene Arten in Deutschland gibt. Zu ihnen zählen beispielsweise auch Hummeln. Die dramatischen Artenrückgänge sind im Wesentlichen auf den Einsatz von Pflanzenschutzmitteln und Insektiziden sowie die Zerstörung von natürlichen Lebensräumen zurückzuführen. Vor allem die industrielle Landwirtschaft trägt dazu maßgeblich bei. Die starke Abnahme von Insekten führt

zu einer generellen Abnahme der biologischen Vielfalt. Viele Vögel finden keine Nahrung mehr und immer weniger Wild- und Nutzpflanzen werden bestäubt. Dadurch nimmt auch die Ernte ab, zum Beispiel bei Obst und Gemüse.
Für Honigbienen stellen vor allem Viren und Parasiten wie die Varroamilbe eine Gefahr dar. Da sie als Nutztier vom Menschen gehalten werden, ist ihr Bestand allerdings nicht bedroht. Doch sowohl Honig- als auch Wildbienen sind, ebenso wie zahlreiche andere Insektenarten, auf ein abwechslungsreiches Nahrungsangebot angewiesen. Zu ihrem Schutz und zum Erhalt der Artenvielfalt können beispielsweise im Schulgarten verschiedene Blütenpflanzen angepflanzt und für Wildbienen und Insekten Unterschlupf- und Eiablagemöglichkeiten wie alte Steinmauern, Totholz oder Ähnliches geschaffen werden. Auch bietet sich der Bau von Nisthilfen an, die im Schulgarten aufgestellt oder an die Eltern zur Montage im eigenen Garten oder auf dem Balkon verschenkt werden können (s. Anleitung S. 30).

Hinweise zu den einzelnen Angeboten

Hinweis zu „Was macht der Imker?" (S. 25)
Dieses Angebot eignet sich gut zur Vorbereitung auf einen Imkereibesuch.

Hinweis zu „Diese Pflanzen mag die Biene" (S. 26)
Im Anschluss an das Arbeitsblatt können die Schüler*innen einen Ort in der Nähe – wie zum Beispiel den Schulgarten, einen benachbarten Park oder auch den eigenen Garten oder Balkon – näher unter die Lupe nehmen: Wie viele „bienenfreundliche" Pflanzen wachsen dort? Wie kann man den Ort „bienenfreundlicher" gestalten bzw. welche Pflanzen könnte man dort noch anpflanzen?
Tipp: *www.bienenfuettern.de*

Hinweis zu „Wie heißen die Wildbienen?" (S. 28)
Stellen Sie den Kindern zum Lösen der Aufgabe Sachbücher bzw. einen Internetzugang bereit.
Tipp: Wildbienen. Die *anderen* Bienen von Paul Westrich. Verlag Dr. Friedrich Pfeil. München 2015.

Hinweis zu „Wir bauen eine Nisthilfe für Wildbienen" (S. 30)
Zur Vorbereitung müssen die Füllmaterialien (Schilfrohre, Bambusstangen und Holunderstängel) auf die richtige Länge gesägt werden. Alle Materialien sollten vor dem Bau der Nisthilfe bereitgestellt und der Gips angerührt werden.

Internetadressen:
Deutscher Imkerbund: *https://deutscherimkerbund.de*
Mellifera e. V.: *www.mellifera.de*
Bienen machen Schule: *www.bienen-schule.de*
Letzter Teil des Videos vom SWR „OLI's wilde Welt: Wie viel Arbeit steckt in einem Glas Honig?": *www.youtube.com/watch?v=kuXBDuqNeSw*
Insektenhotel / Nisthilfe für Wildbienen bauen: *www.nabu.de/tiere-und-pflanzen/insekten-und-spinnen/insekten-helfen/nisthilfen.html*

Vorwort des Verlages

Liebe Kolleg*innen,

mit dem THemen-Heft **Bienen** aus der Themenheft-Reihe haben Sie eine Materialsammlung erworben, die Ihnen aufgrund des Aufbaus vielfältige Einsatzmöglichkeiten bietet:

- Einsatz als Themenheft, als Projekt oder auch als Werkstatt (durch die beigefügte Blanko-Auftragskarte)

- Fächerübergreifende Bearbeitung des Themas
- Arbeitsblätter zu den **Themenschwerpunkten** entsprechend Lehrplan Sachunterricht und Deutsch

- Dreifache Differenzierung dieser Arbeitsblätter
  - zur inneren Differenzierung
  - zur vorbereitenden oder vertiefenden Hausaufgabe
  - für verschiedene Jahrgangsstufen
  - für jahrgangsübergreifende Lerngruppen
  - für inklusiven Unterricht

- Die Reihenfolge der Themenschwerpunkte kann variiert werden.

- Weiterführendes Arbeiten über das Kernthema hinaus durch (nicht differenzierte) Arbeitsblätter zu **Zusatzthemen**

Zu Ihrer Arbeitserleichterung enthält dieses Heft:
- Vorschläge für die Gruppenarbeit
- eine Lernzielkontrolle zur Überprüfung des erlernten Wissens der Kinder zum Thema
- einen Beurteilungsbogen zur Rückmeldung des Arbeitsverhaltens für die Schüler*innen
- Farbseiten mit Bildkarten zum Thema

Wir wünschen Ihnen viel Erfolg bei der Arbeit mit dem Themenheft „Bienen".

Ihr BVK Buch Verlag Kempen

Vorschläge für die Gruppenarbeit

Zum Einstieg in das Thema bieten sich die folgenden Möglichkeiten an:

- Abspielen einer Audiodatei, auf der das Summen von Bienen zu hören ist (z. B. *https://deutscherimkerbund.de/225-Kinder_Jugendseite_Bienen_Extras).* Die Kinder raten anschließend, um welches Tier es sich handelt.

- Video vom SWR: *www.youtube.com/watch?v=tnyvOUF-dwc*

- Erstellen einer Mind-Map an der Tafel zum Thema

- Bild(er) von einer Biene an die Wand projizieren („stummer Impuls“); hierbei könnten unter anderem die Abgrenzungsmerkmale zu Wespen thematisiert werden (ggf. durch ein Bild einer Wespe)

- Bild von einer Biene auf Folie kopieren, einzelne Teile verdecken, die Abdeckung nach und nach entfernen. Die Kinder raten, was auf der Abbildung dargestellt ist. Anschließend berichten sie darüber, was sie über die Biene schon wissen.

- Bilder von einem Ei in einer Wabenzelle, einer Larve, einer Puppe und einer Biene auf Folie kopieren. Zuerst wird nur das Bild mit dem Ei auf den Overhead-Projektor gelegt. Die Kinder stellen Vermutungen an, welches Tier aus dem Ei schlüpfen könnte. Anschließend werden den Kindern nach und nach die Bilder von den anderen Entwicklungsstadien der Biene gezeigt. Dabei können Gemeinsamkeiten mit anderen den Kindern bekannten Insektenarten wie zum Beispiel Schmetterlingen besprochen werden.

- Die Kinder werden in Kleingruppen eingeteilt. Jeder Gruppe wird eine DIN-A3-Seite mit der Abbildung einer Biene ausgehändigt. Die Kinder malen oder notieren auf den Blättern, was sie bereits über die Biene wissen und welche Fragen sie zu dem Tier haben. Auch Ängste vor Stichen können hier aufgegriffen werden. Anschließend stellen die Kinder diese in der Klasse vor.

- Als Gruppenarbeit eignet sich auch das Arbeitsblatt „Wir bauen eine Nisthilfe für Wildbienen“ (s. S. 30). Die Kinder können auch den Schulgarten in Kleingruppen bienenfreundlicher gestalten.

RÜCKMELDUNG			
Liebe / r ______________________________ , so hast du beim Thema „Bienen“ gearbeitet:			
	☺	😐	☹
Du hast konzentriert gearbeitet.			
Du hast selbstständig gearbeitet.			
Du hast engagiert gearbeitet.			
Du hast dich an Unterrichtsgesprächen beteiligt.			
Du hast deine Mappe in Ordnung gehalten.			
Kommentar:			

✂ ....

Auftragskarte zu Werkbereich

Bienen

Übersicht über die Themenschwerpunkte

Übersicht über die zusätzlichen Angebote

Name: ______________________________ Datum: ______________

Wie sieht eine Biene aus?

Aufgaben

1. Schneide die Puzzleteile aus. Setze sie richtig zusammen.
2. Klebe das Puzzle auf ein Blatt.
3. Lies die Wörter und verbinde richtig.
4. Male die Biene an.

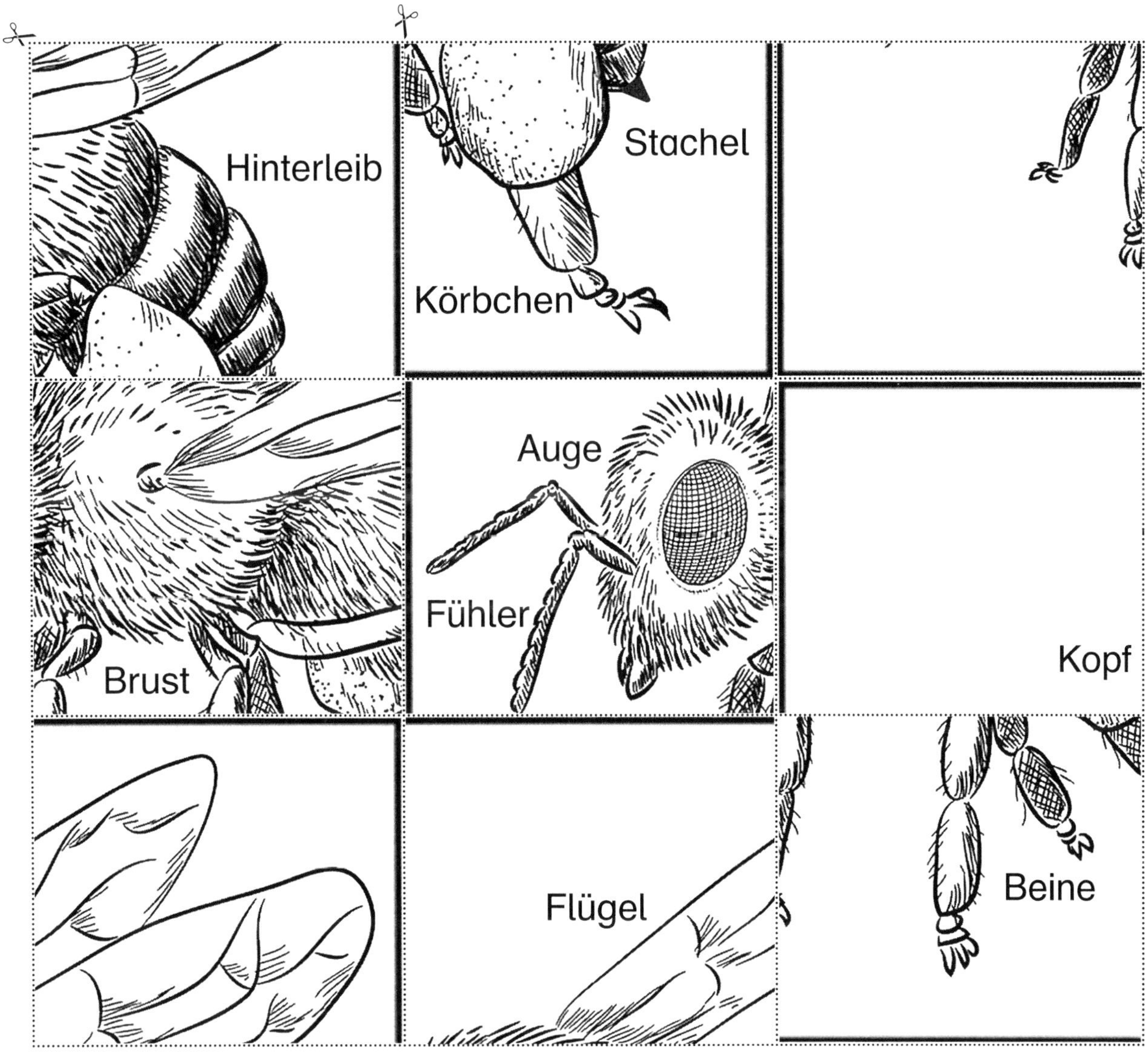

Hinterleib

Stachel

Körbchen

Auge

Fühler

Brust

Kopf

Flügel

Beine

Name: ______________________ Datum: __________

Die Körperteile der Biene

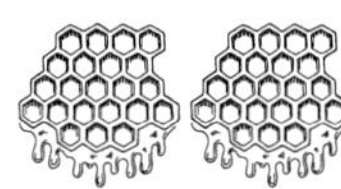

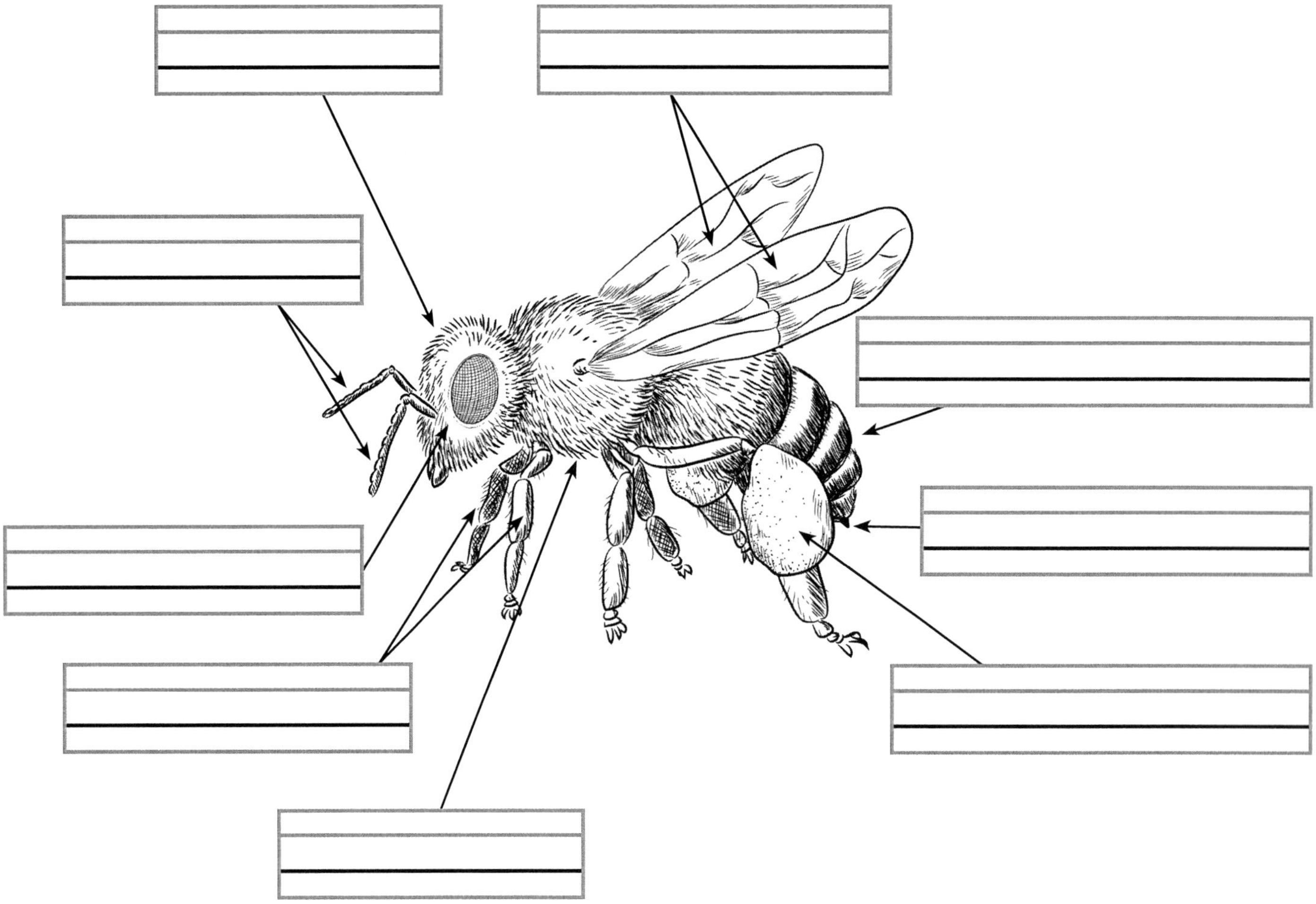

Fühler – Beine – Auge – Kopf – Stachel
Flügel – Brust – Hinterleib – Körbchen

Aufgaben

1. Sieh dir das Bild gut an.
2. Lies die Namen der Körperteile.
3. Schreibe sie auf die richtigen Linien.
4. Male die Biene an. Die Augen, Beine und Streifen sind schwarz. Der Kopf, die Brust und der Hinterleib sind gelb-braun. Die Körbchen sind gelb.

Zusatzaufgabe:
Überlege mit einem Partner:
Kennt ihr andere Tiere, die Stacheln haben? Wozu brauchen die Tiere ihre Stacheln?

Name: ______________________ Datum: ____________

Die Biene – unter die Lupe genommen (1)

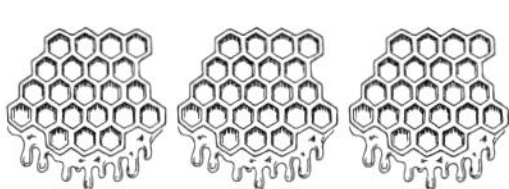

Mit den Mundwerkzeugen trinkt die Biene den Nektar (Blütensaft) aus den Blüten. Sie braucht die Mundwerkzeuge auch, um die Larven zu füttern und die Waben zu bauen.

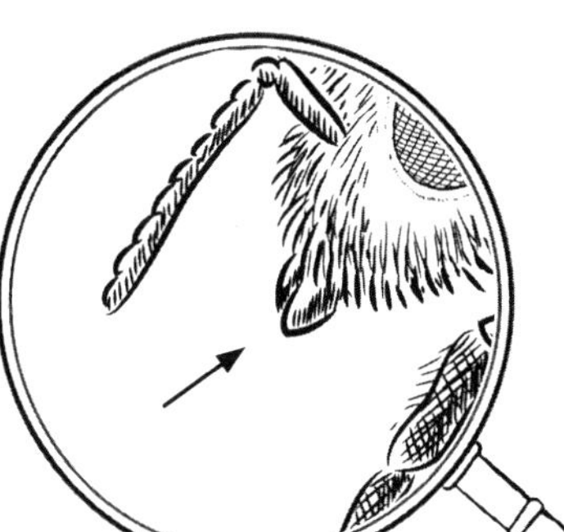

Eine Biene hat Facettenaugen. Sie bestehen aus über tausend einzelnen Augen.

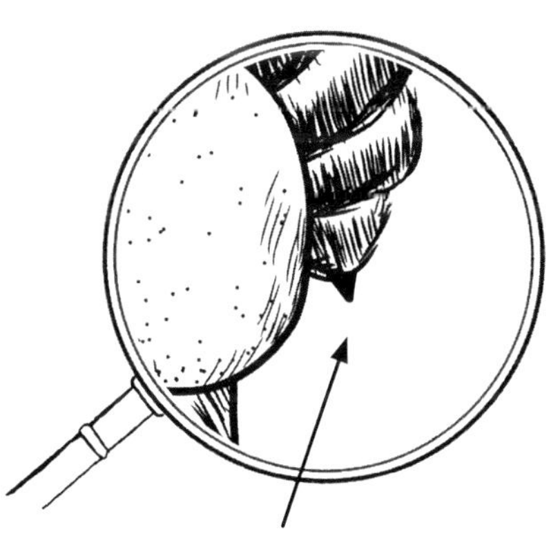

Die weiblichen Bienen haben einen Stachel. Damit wehren sie sich gegen die Angriffe von Feinden.

An den hinteren Beinen hat die Biene „Körbchen“. Dort sammelt sie den gelben Blütenstaub (Pollen) und fliegt mit ihm zum Bienenstock.

Aufgaben

1. Sieh dir die Körperteile der Biene gut an.
2. Lies die Sätze.

Name: ______________________ Datum: __________

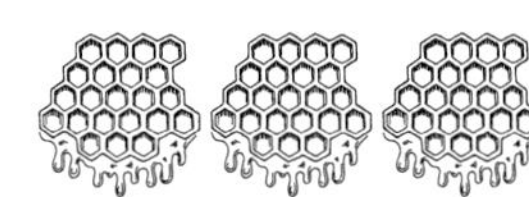

Die Biene – unter die Lupe genommen (2)

1. Die Biene hat ...

☐	... sechs Beine.	I
☐	... zwei Stacheln.	T
☐	... einen gestreiften Hinterleib.	N

2. Mit den Mundwerkzeugen ...

☐	... spricht die Biene.	O
☐	... baut die Biene die Waben.	S
☐	... trinkt die Biene Nektar.	E

3. Die Augen der Biene ...

☐	... bestehen aus mehreren tausend einzelnen Augen.	K
☐	... heißen Facettenaugen.	T
☐	... sind so wie die Augen der Menschen.	M

4. Im Körbchen ...

☐	... wachsen die jungen Bienen auf.	U
☐	... sammelt die Biene den Blütenstaub.	E
☐	... wird der Honig zum Bienenstock geflogen.	I

5. Mit dem Stachel ...

☐	... bohren Bienen Löcher in den Bienenstock.	R
☐	... stechen Bienen die Bienenkönigin.	G
☐	... verteidigen sich Bienen gegen ihre Feinde.	N

Lösungssatz: Bienen sind ___ ___ ___ ___ ___ ___ ___ ___.

Aufgaben

1. Lies die Sätze oben. Was ist richtig?
   ☒ Kreuze an und ○ kreise den richtigen Buchstaben ein.
   Achtung: Manchmal gibt es mehrere richtige Antworten!
2. Schreibe das Lösungswort auf die Linien.
3. Kennst du andere Tiere, die zu dieser Tiergruppe gehören?

Name: ______________________ Datum: ____________

Im Bienenstock

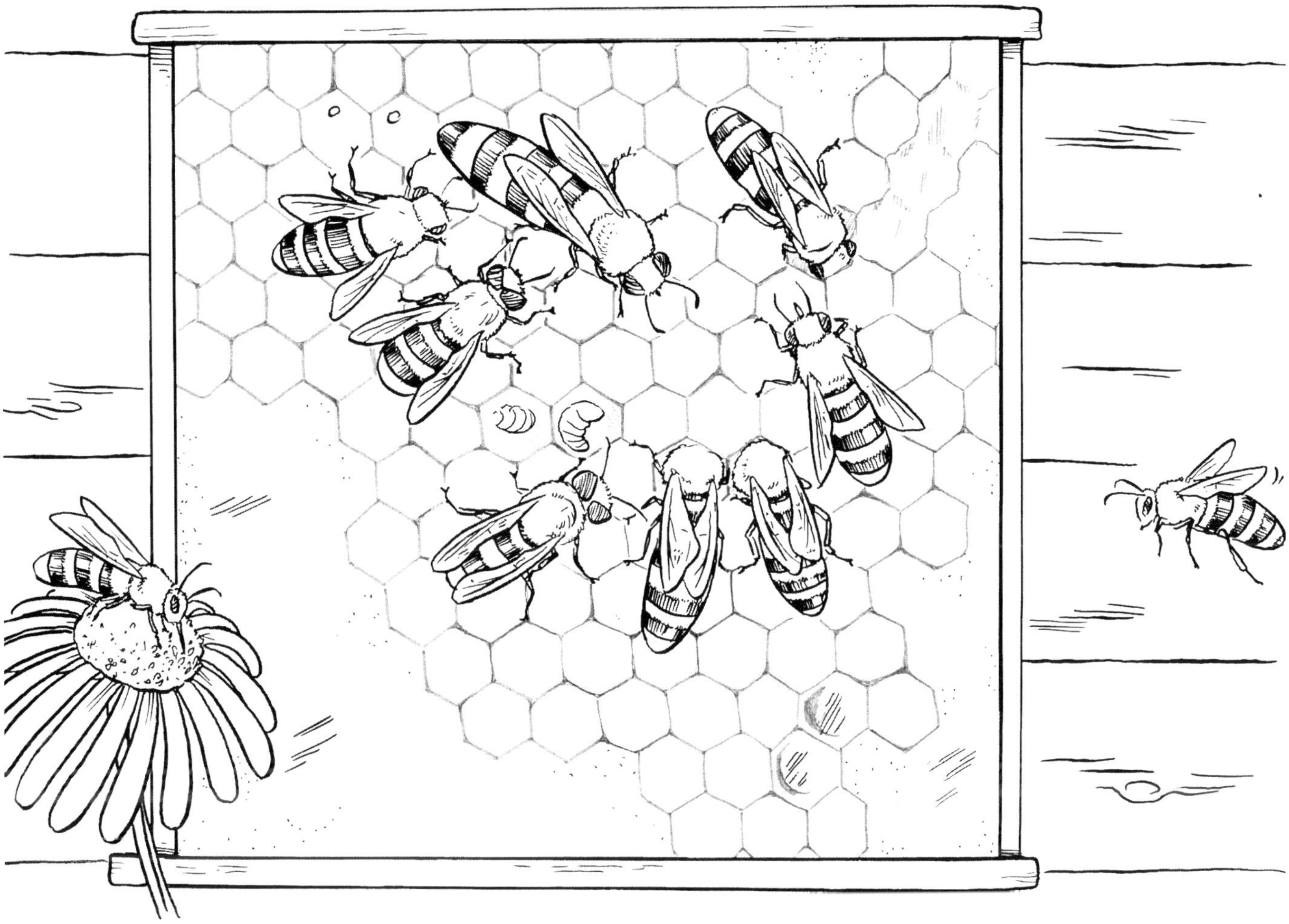

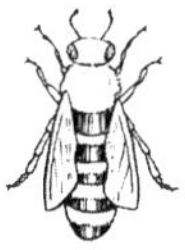

Arbeiterin 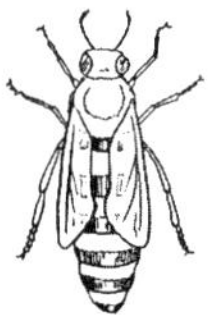 ☐ Königin  ☐ Drohn ☐

Aufgaben

1. Schaue dir das Bild gut an. Male die Bienen in verschiedenen Farben an:

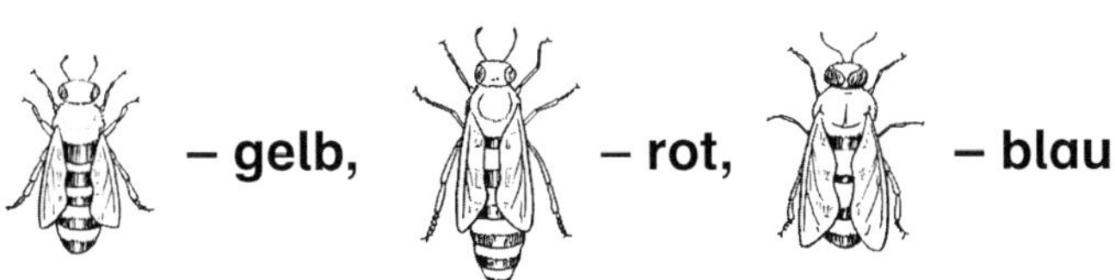

– gelb, – rot, – blau.

2. Wie viele Bienen siehst du jeweils? Zähle und schreibe in die Kästen unten.
3. Was machen die Bienen im Bienenstock? Erzähle.

Name: ______________________ Datum: ____________

Wer hat welche Aufgabe?

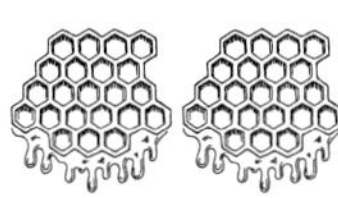

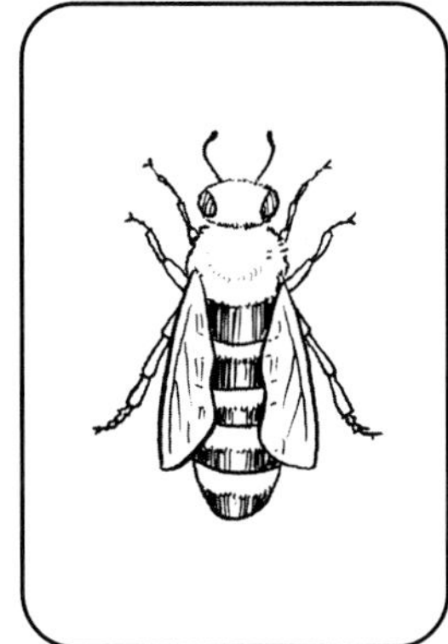

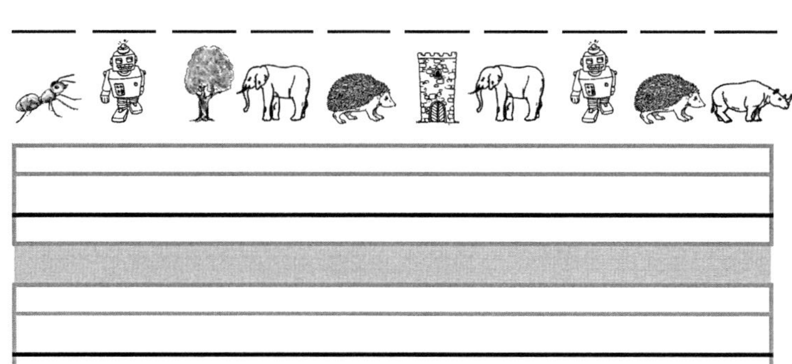

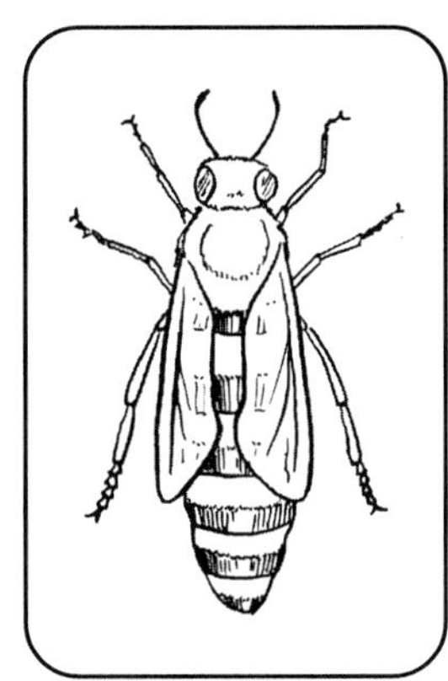

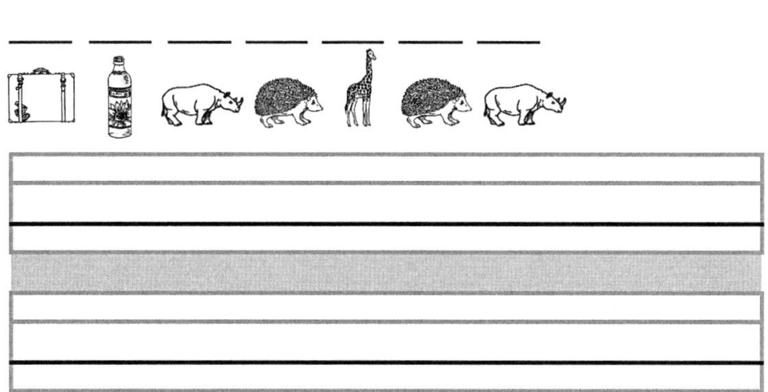

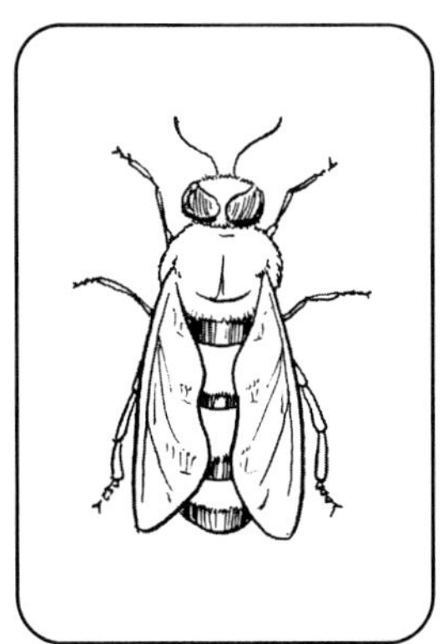

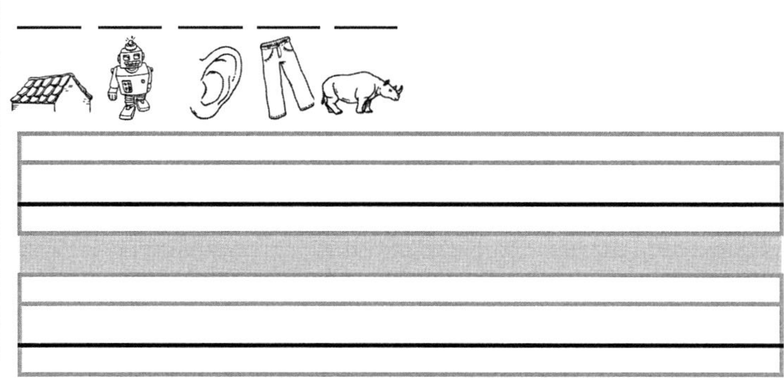

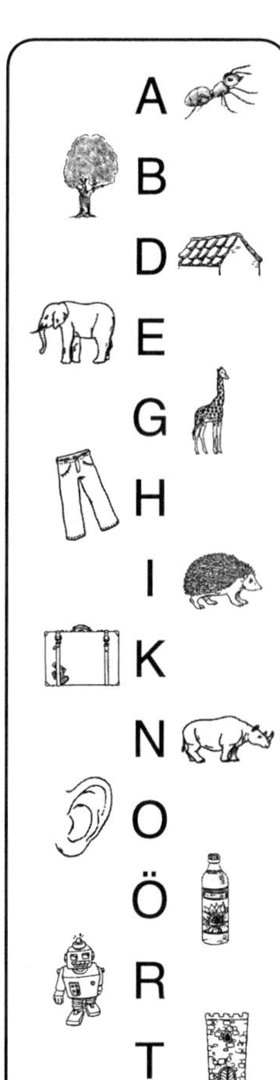

Aufgaben

1. Wie heißen die Bienen? Schaue dir die Bilder an und schreibe.
2. Schreibe die Sätze auf die passenden Linien:
   Die Königin legt die Eier. – Die Arbeiterinnen sammeln Pollen. – Die männlichen Bienen heißen Drohnen.

Name: ______________________ Datum: ____________

Königin, Arbeiterinnen und Drohnen (1)

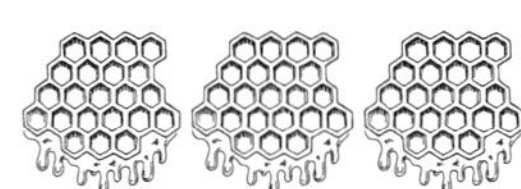

Ich bin die Königin. In jedem Bienenstock gibt es nur eine einzige Königin. Als Larve habe ich ein besonderes Futter erhalten. Dann habe ich meinen Hochzeitsflug gemacht. Ich lege im Bienenstock die Eier, aus denen alle anderen Bienen schlüpfen. Im Frühjahr sind das 2000 Eier am Tag! Ich werde drei bis vier Jahre alt.

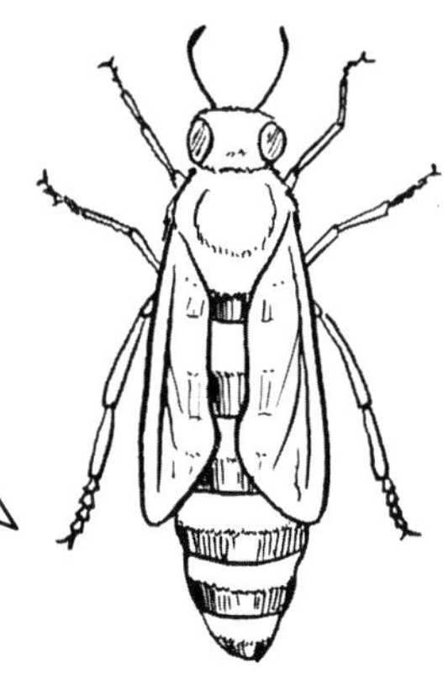

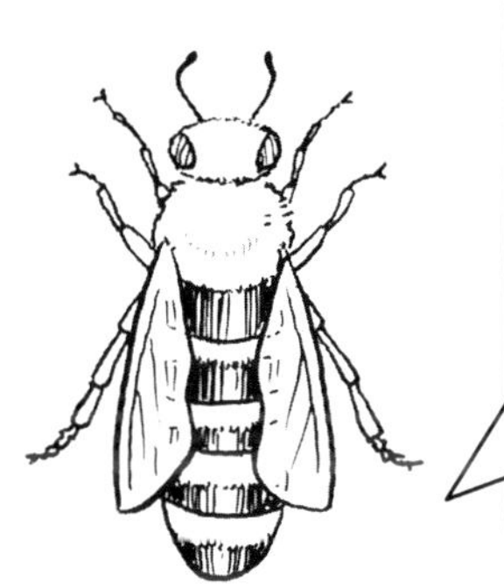

Wir sind die Arbeiterinnen. In einem Bienenstock leben bis zu 50000 Arbeiterinnen. Wir haben viele verschiedene Aufgaben: Wir füttern die Larven, bauen die Waben und machen Honig. Wir fliegen auch aus dem Bienenstock hinaus, um Nektar und Pollen zu sammeln. Diese bringen wir zurück in den Bienenstock. Wir werden meistens nur sechs Wochen alt.

Wir Drohnen sind die männlichen Bienen. Wir schlüpfen aus unbefruchteten Eiern. Es gibt einige hundert Drohnen in einem Bienenstock. Im Frühling warten wir, bis die Königin ihren Hochzeitsflug macht. Dann fliegen wir Drohnen alle in einer großen Wolke um die Königin herum. Zum Schluss geben wir der Königin unseren Samen, damit sie neue Eier legen kann. Unser Leben ist sehr kurz: Wir werden meistens nur wenige Wochen alt.

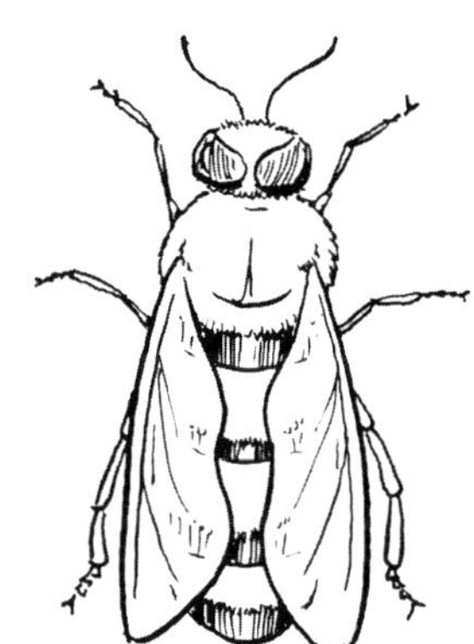

Aufgaben

1. Lies die Texte in den Sprechblasen.
2. Suche dir eine Biene aus. Fülle zu ihr den Steckbrief auf Arbeitsblatt 2 aus.

Name: ______________________ Datum: __________

Königin, Arbeiterinnen und Drohnen (2)

Steckbrief

Name: ______________________

So viele leben in einem Bienenstock: ______________________

So alt werde ich: ______________________

Das sind meine Aufgaben: ______________________

____

____

Besonderheiten: ______________________

Wie sieht die Biene aus? Male.

Rückseite Bildkarten

Farbige Bildkarten (1)

Farbige Bildkarten (2)

Rückseite Bildkarten

Name: ______________________________ Datum: ____________

Vom Ei zur Biene

Aufgaben

1. Schneide die Bilder aus.
   Schaue sie dir genau an. Bringe die Bilder in die richtige Reihenfolge. Schreibe Zahlen von 1–6 in die Kreise.
2. Klebe die Bilder in der richtigen Reihenfolge auf ein Blatt.

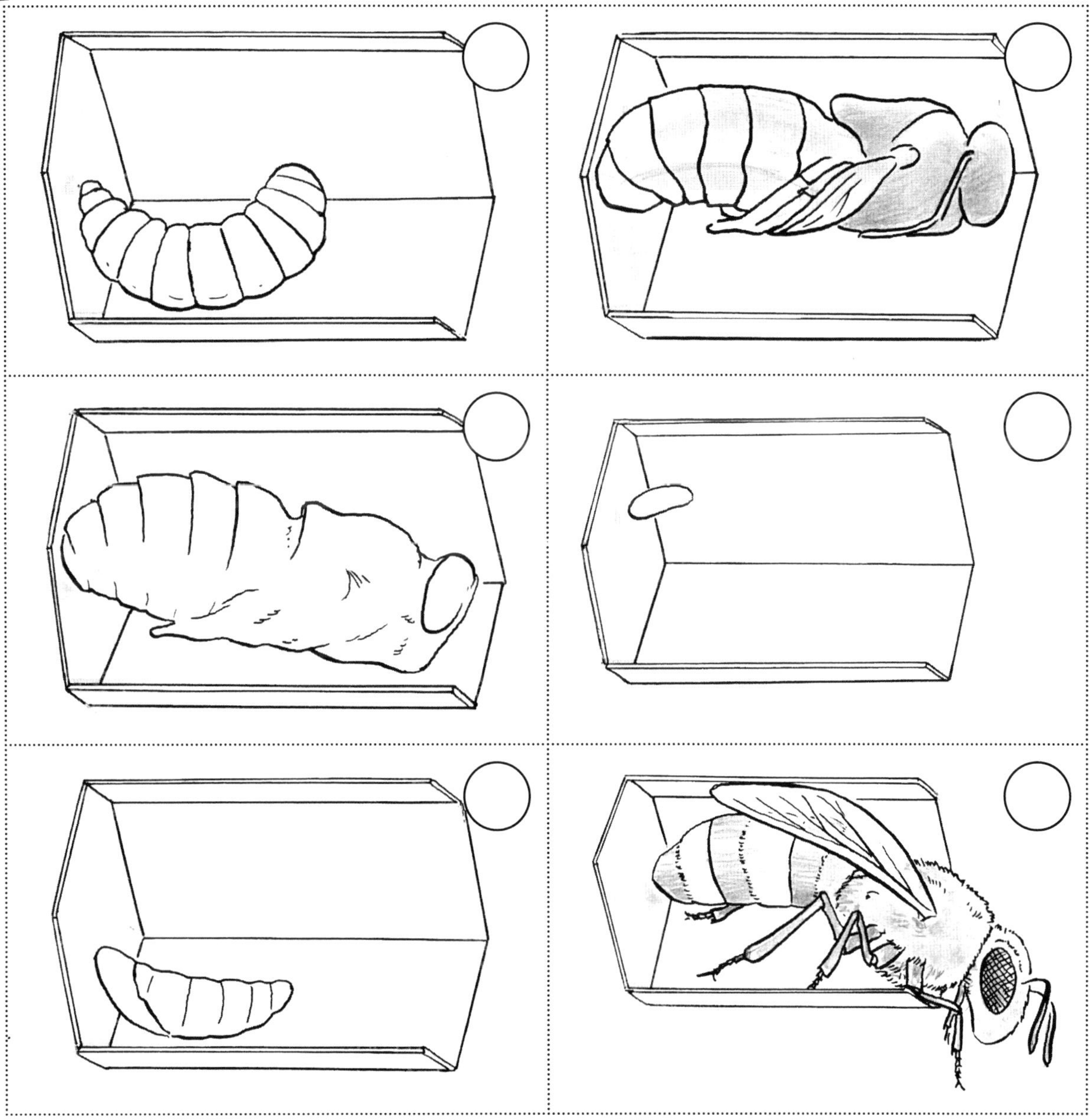

Name: ______________________________ Datum: ______________

Die Entwicklung der Biene

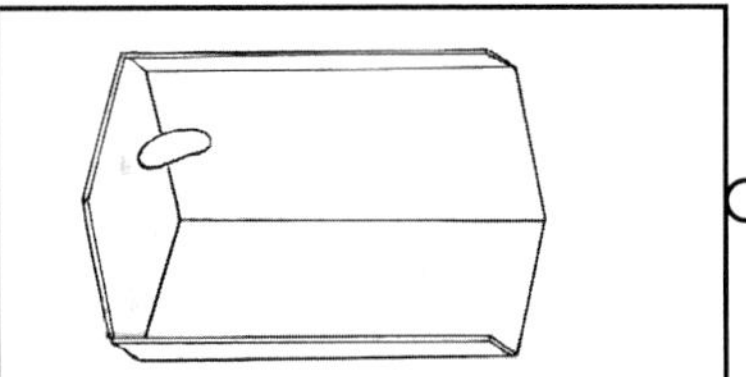	In der Puppe entwickelt sich die Biene.
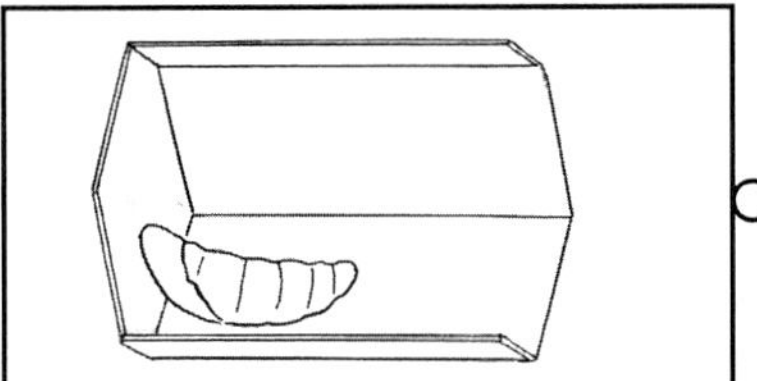	Die Larve wächst sehr schnell.
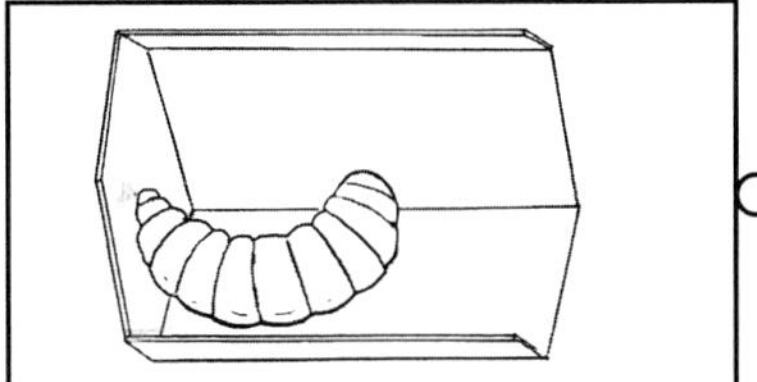	Die Bienenkönigin legt ein Ei in eine Zelle.
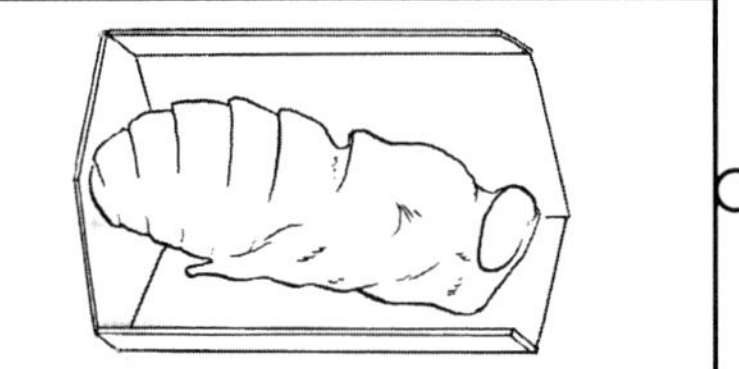	Nach 21 Tagen kriecht die Biene aus der Zelle.
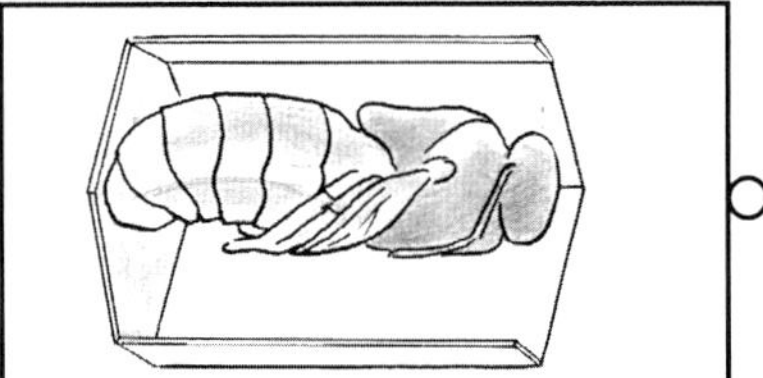	Aus dem Ei schlüpft eine weiße Larve.
	Dann verpuppt sich die Larve.

Aufgaben

1. Sieh dir die Bilder gut an.
2. Lies die Sätze. Was passt zusammen? Verbinde.
3. Schreibe die Entwicklung der Biene auf ein Blatt.

Name: ______________________ Datum: ____________

Nachwuchs bei den Bienen

Die Bienenkönigin legt ein 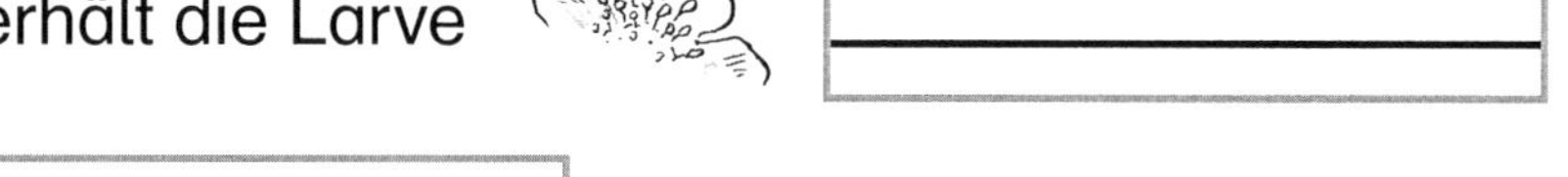 __________ in eine Zelle.

Nach vier Tagen schlüpft eine __________ aus dem Ei.

Die __________ füttern die Larve mit

Futtersaft. Später erhält die Larve  __________

und 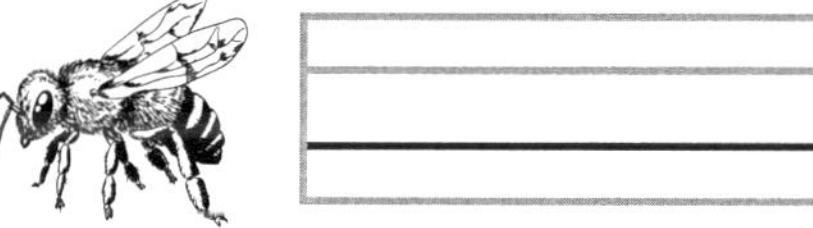 __________. Sie wächst sehr schnell und

verpuppt sich oft. Nach zehn Tagen  __________

sich die Larve. Am 21. Tag schlüpft die __________

aus der __________.

Honig – Zelle – Larve – häutet – Biene –
Ei – Arbeiterinnen – Pollen

Aufgaben

1. Lies den Lückentext.
2. Schreibe die richtigen Wörter auf die Linien.
   Die Wörter im Kasten helfen dir.

Name: ______________________________ Datum: ______________

Die Nahrung der Biene

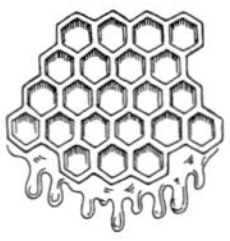

Gras

Honig

Ast

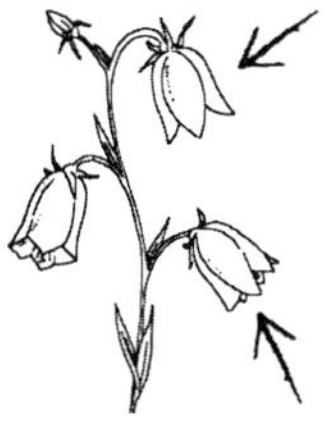

Nektar

altes Obst

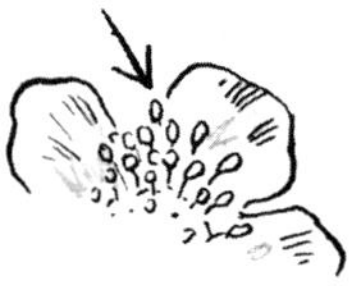

Pollen

Salami

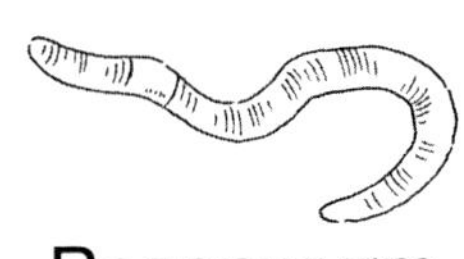

Regenwurm

Wasser

Ameise

Aufgaben

1. Schaue dir die Bilder gut an. Was isst und trinkt die Biene?
   Verbinde richtig.
2. Male die richtigen Bilder bunt an.
   Streiche die falschen Bilder durch.
3. Male oder schreibe die Nahrung der Biene in dein Heft.

BVK • Teresa Zabori: Themenheft „Bienen“

Name: ______________________ Datum: ____________

Wie entsteht Honig? (1)

Aufgaben

1. Schneide die Sätze unten aus. Schneide auch die Bilder von Arbeitsblatt 2 aus.
2. Lies die Sätze. Bringe sie in die richtige Reihenfolge. Ordne ihnen die passenden Bilder zu.
3. Kontrolliere: Ist alles richtig? Dann klebe die Sätze jeweils unter die Bilder in der richtigen Reihenfolge auf ein Blatt Papier.

Die Bienen fliegen aus dem Bienenstock.
Die Biene setzt sich auf eine Blüte. Sie trinkt den Nektar.
Die Biene fliegt zum Bienenstock zurück. Ihr Magen ist mit Nektar gefüllt.
Im Bienenstock geben die Bienen den Nektar mit ihrem Rüssel an die anderen Bienen weiter. Dabei verändert sich der Nektar.
Der halbfertige Honig trocknet in einer Zelle. Bienen fächeln ihm mit ihren Flügeln Luft zu, damit er besser trocknet.
Die Zelle wird mit einer dünnen Schicht Wachs verschlossen. Im Winter dient der Honig den Bienen als Nahrung.

Name: ______________________________ Datum: ______________

Wie entsteht Honig? (2)

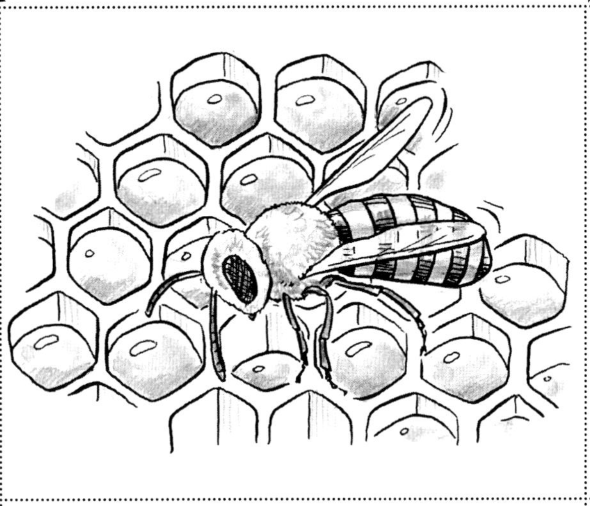

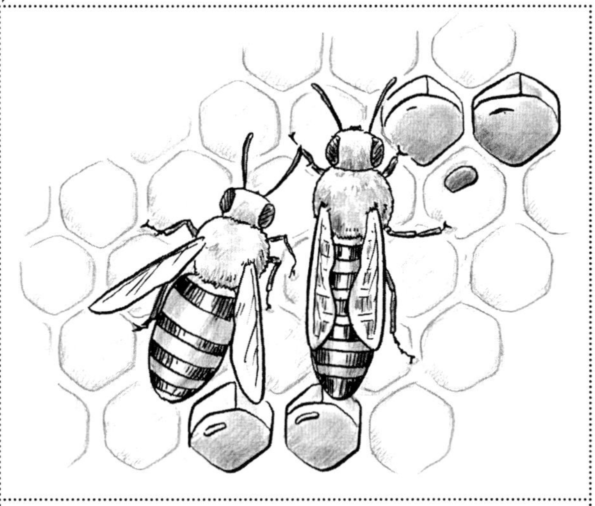

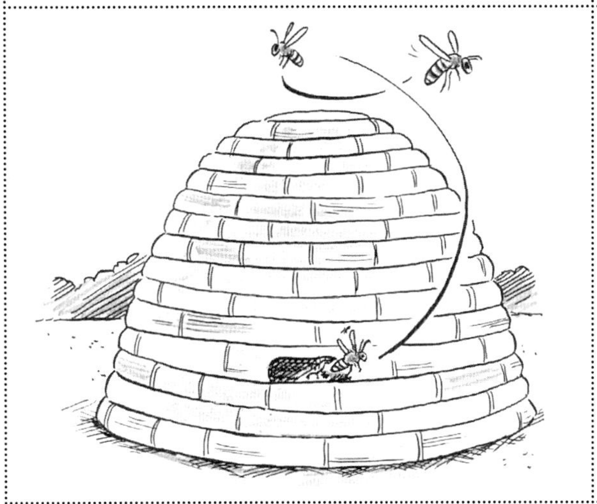

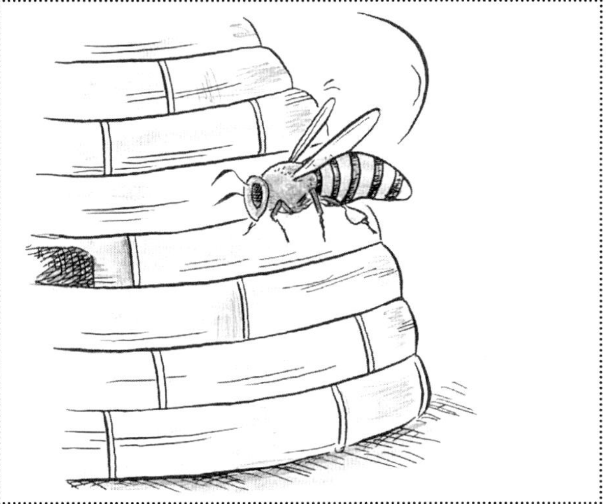

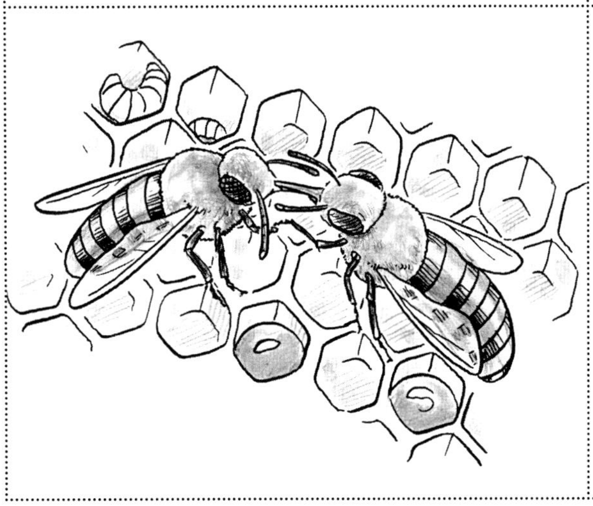

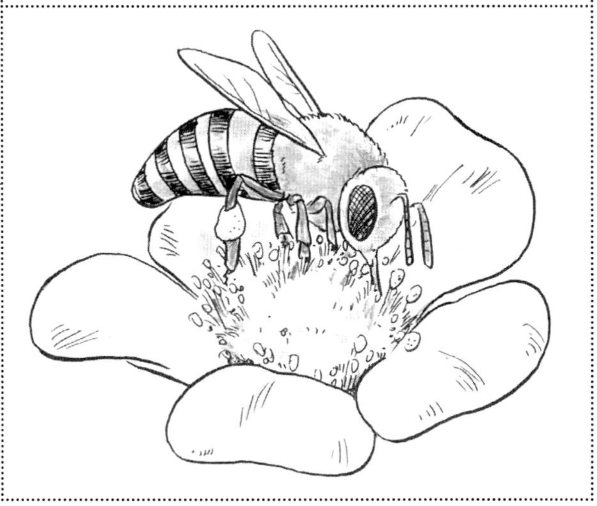

BVK • Teresa Zabori: Themenheft „Bienen“

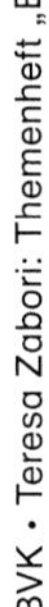

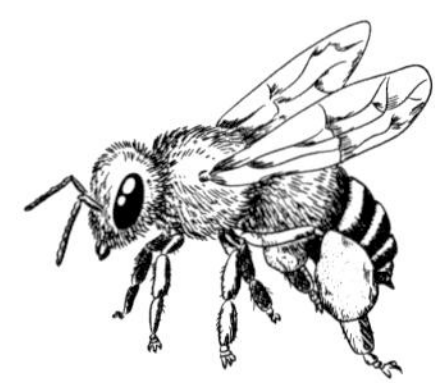

Name: ______________________________ Datum: ______________

Rund um den Honig

-gelb

-kuchenpferd

-glas

-löffel

-topf

Wald-

-biene

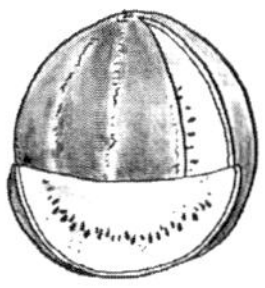

Honig
honig

-melone

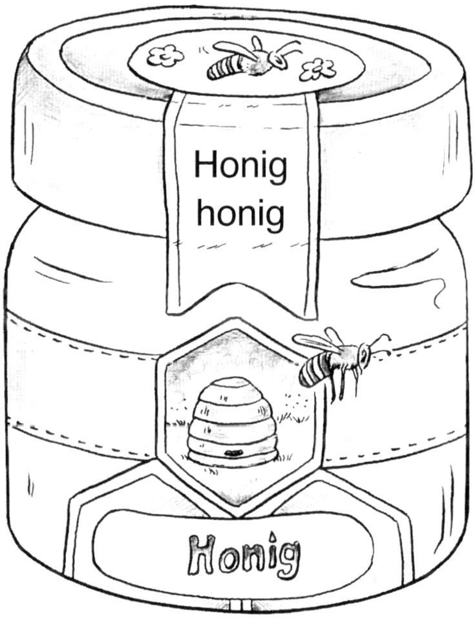

-kuchen

Honig

Tannen-

Klee-

Raps-

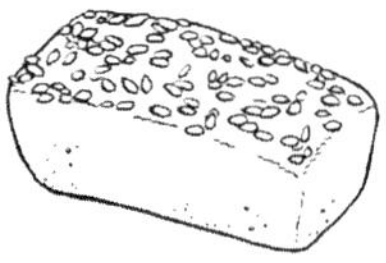

-brot

Blüten-

-süß

Aufgabe

Lies die Wörter. Setze sie mit dem Wort **Honig** zusammen.
So erhältst du neue Wörter. Schreibe sie in dein Heft.

Name: ______________________ Datum: ____________

Die Feinde der Biene

Spinne

Wespe

Vogel

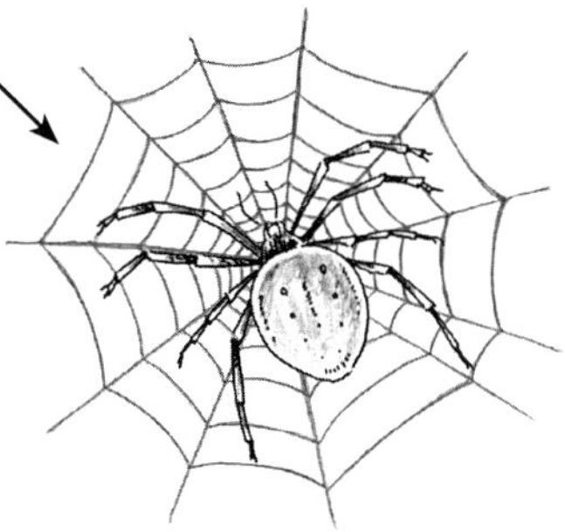

Hornisse

Bienenwolf

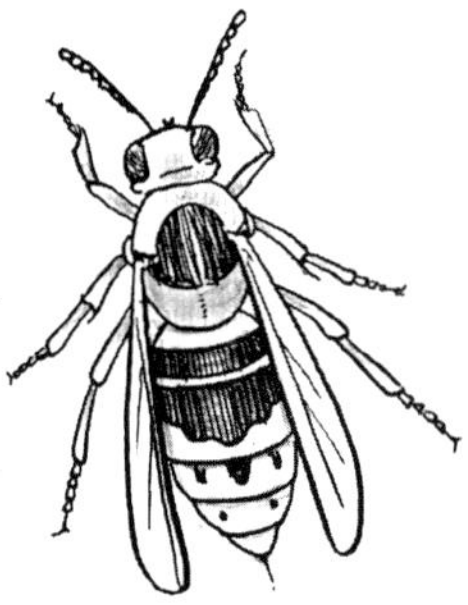

Maus

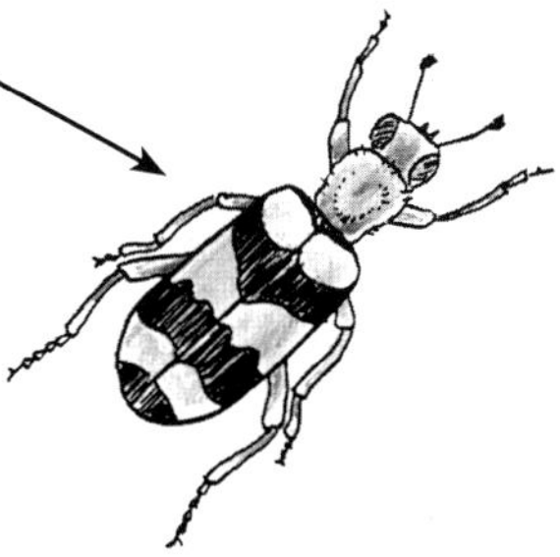

Varroamilbe

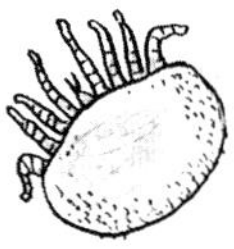

Aufgaben

1. Wie heißen die Feinde der Bienen? Fahre die Linien mit einem Stift nach. Benutze verschiedene Farben.
   Lies die Namen. Ein Spiegel kann dir helfen.
2. Schreibe die Namen der Tiere richtig auf die Linien.

BVK • Teresa Zabori: Themenheft „Bienen“

Name: ______________________ Datum: ____________

Was macht der Imker?

Bevor ich zu den Bienenstöcken gehe, ziehe ich meinen Kopfschutz und dicke Handschuhe an. Bienen stechen aber nur, wenn sie sich bedroht fühlen.
Ich stelle die Bienenstöcke in die Nähe von Pflanzen, die gerade blühen. Wenn die Bienen den gesammelten Nektar in Honig umgewandelt haben, nehme ich den Holzrahmen mit den Honigwaben heraus.
In einer besonderen Maschine wird der Honig dann aus den Zellen geschleudert. Für den Honig gebe ich den Bienen eine Schale Zuckerwasser.
Im Winter habe ich nicht viel zu tun: Dann bleiben die Bienen im Bienenstock. Erst im Frühjahr kommen sie wieder heraus.

Fragen:
Wann stechen Bienen?
Welche Kleidungsstücke sollte ein Imker tragen?
Wohin stellt der Imker die Bienenstöcke?
Wie kommt der Imker an den Honig der Bienen?
Was machen die Bienen im Winter?

Aufgaben

1. Lies, was der Imker über seine Arbeit berichtet.
2. Unterstreiche wichtige Informationen.
3. Beantworte die Fragen in deinem Heft.
   Schreibe ganze Sätze.

*** Zusatzaufgabe:**
Welche Fragen hast du an den Imker? Schreibe auf.

Name: ______________________ Datum: ____________

Diese Pflanzen mag die Biene

Bienen brauchen viele Blüten, in denen sie Nektar und Pollen sammeln können. Die Blüten von diesen Pflanzen mögen sie besonders gerne. Viele Pflanzen brauchen aber auch Bienen und andere Insekten. Ohne Bienen könnten sich viele Pflanzen nicht vermehren.

e f l A p m b au

____

s b e n n l ä ch m ü e G

____

e l K e

____

K s u r o k

____

e L a n ö z h w n

____

E u e f

____

l S nn n o e b m u e

____

Hast du das gewusst?
Um den Nektar für ein Glas Honig zu sammeln, fliegt die Biene so weit, als würde sie dreimal um die Erde fliegen.

Aufgaben

1. Lies den Text.
2. Wie heißen die Pflanzen, auf denen die Biene Nektar und Pollen sammelt? Schreibe die Namen der Pflanzen auf die Linien.

BVK • Teresa Zabori: Themenheft „Bienen"

Name: ______________________________ Datum: ______________

Wie kannst du Bienen schützen?

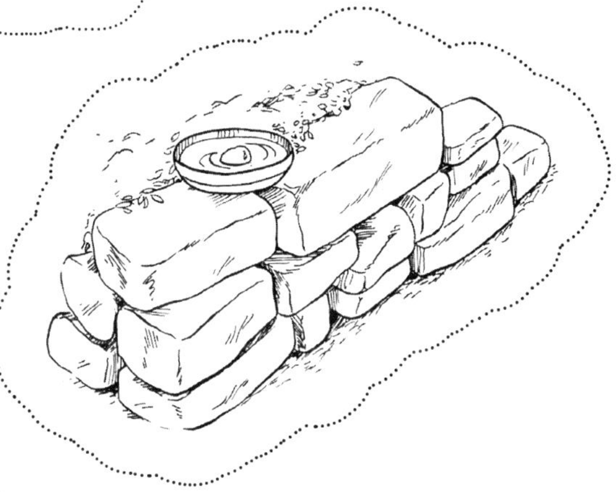

Aufgaben

1. Schaue dir die Bilder genau an. Was ist gut für Bienen? Was ist schlecht?
2. Male die Bilder an, auf denen die Bienen sich wohlfühlen.
3. Streiche die anderen Bilder durch.
4. Male ein Bild von einem Garten, in dem sich Bienen gerne aufhalten.

Name: ______________________ Datum: ____________

Wie heißen die Wildbienen?

Aufgaben

1. Schneide die Karten aus. Lege die passenden Karten zusammen. Klebe sie auf ein Blatt.
2. Lies die Namen der Wildbienen laut und klatsche die Silben.
3. Male die Wildbienen an. Schaue dazu in ein Sachbuch oder in das Internet (zum Beispiel: *www.helles-koepfchen.de).*

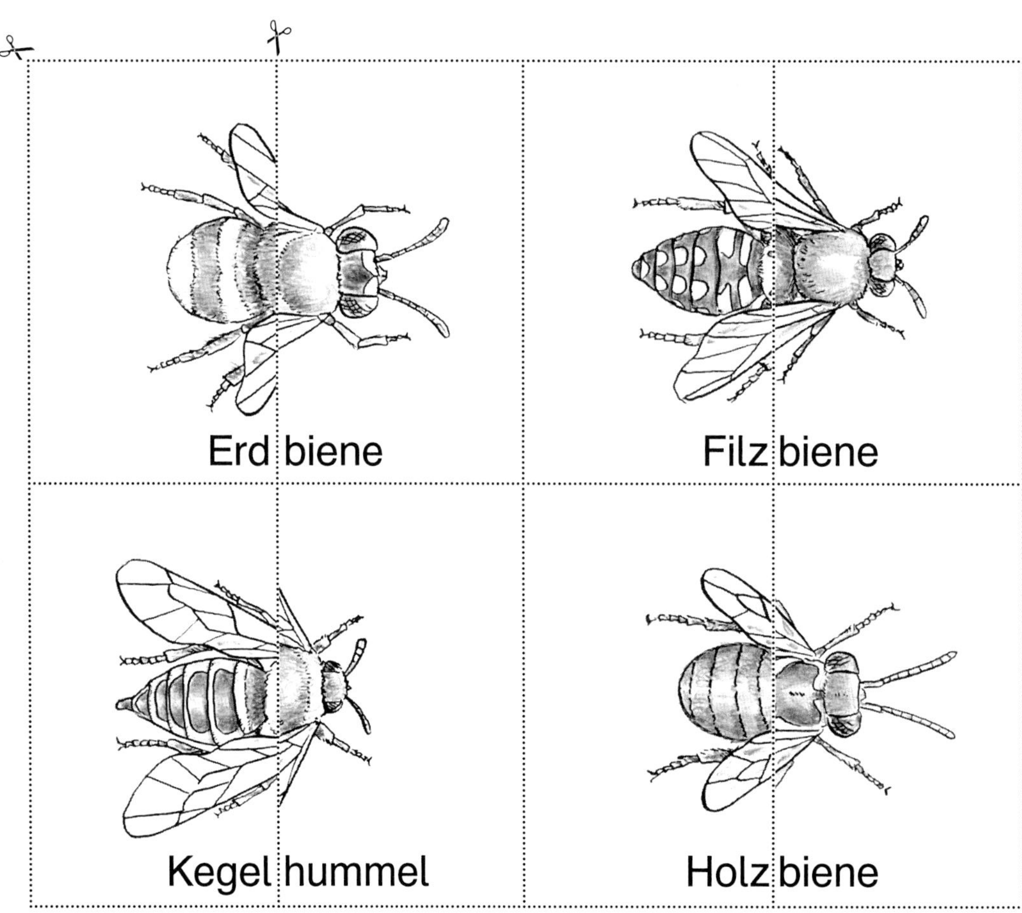

Name: ________________________________ Datum: ______________

Wildbienen

Es gibt nicht nur Honigbienen, sondern auch viele verschiedene Wildbienen-Arten. Auch Hummeln sind Wildbienen. Die meisten Wildbienen leben nicht in einem großen Bienenvolk, sondern alleine. Auch sie sammeln Nektar und Pollen aus Blüten, machen aber keinen Honig. Die Wildbienen bauen ihre Nester Die Wildbienen bauen ihre Nester oft im Boden. Sie nisten aber auch in Mauerritzen und in hohlen Stängeln.

	richtig ☺	falsch ☹
1. Es gibt Honigbienen und Wildbienen.	B	P
2. Hummeln sind Wildbienen.	L	F
3. Wildbienen leben in einem großen Bienenvolk.	Ä	Ü
4. Wildbienen sammeln Nektar und Pollen aus Blüten.	T	L
5. Auch Wildbienen stellen Honig her.	I	E
6. Sie legen Eier in Mauerritzen, hohle Stängel oder in Erdlöcher.	N	R

Lösungssatz:

Wildbienen brauchen viele verschiedene ___ ___ ___ ___ ___ ___ .

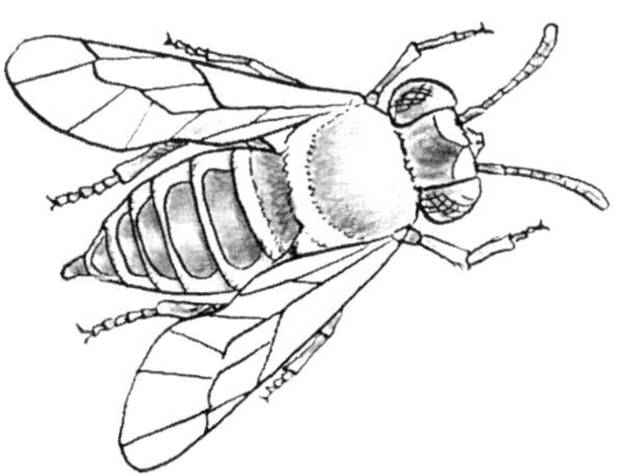

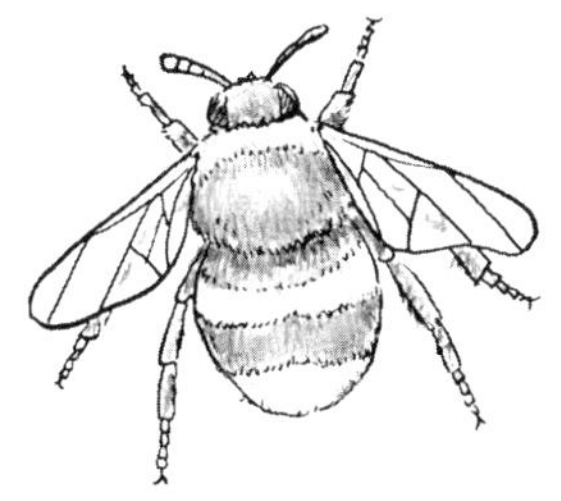

Aufgaben

1. Lies den Text.
2. Lies dann die Sätze oben. Sind sie richtig ☺ oder falsch ☹?
   Umkreise den richtigen Buchstaben und
   schreibe das Lösungswort auf die Linien.

Name: ______________________ Datum: ____________

Wir bauen eine Nisthilfe für Wildbienen

Ihr braucht: eine Holzkiste • hohle Schilfrohre • Bambusstangen oder Holunderstängel • Schmirgelpapier • eine oder mehrere lange Schrauben • Gips • Stroh

Bastelanleitung:

1. Prüft, ob alle Stängel hohl sind. An einem Ende darf sich noch etwas Mark befinden, das andere Ende sollte offen sein. Falls beide Seiten verschlossen sind, entfernt das Mark mit einer langen Schraube.

2. Schmirgelt die Ränder der Stängel ab.

3. Stellt die Kiste vor euch hin. Füllt sie mit einer etwas dickeren Schicht Gips. Stellt nun die Stängel mit der Öffnung nach oben hinein. Achtung: Alle Stängel müssen dicht aneinanderstehen!

4. Füllt nun die kleinen Lücken zwischen den Stängeln mit etwas Stroh.

Fertig ist die Nisthilfe!

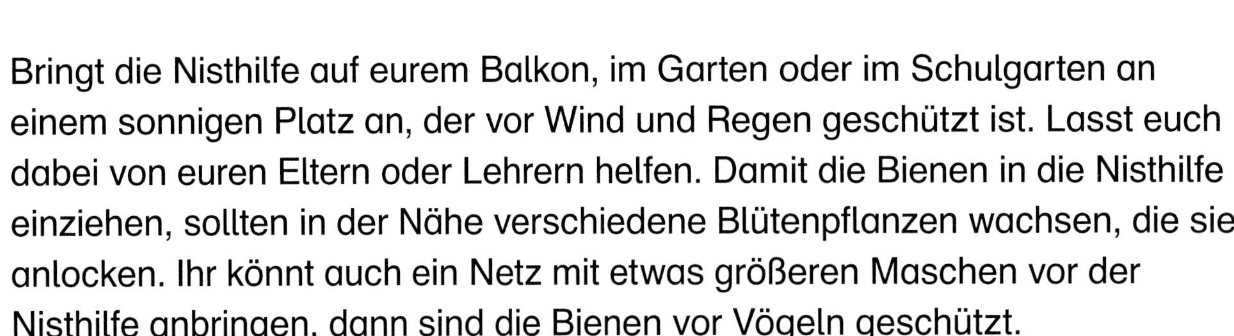

Bringt die Nisthilfe auf eurem Balkon, im Garten oder im Schulgarten an einem sonnigen Platz an, der vor Wind und Regen geschützt ist. Lasst euch dabei von euren Eltern oder Lehrern helfen. Damit die Bienen in die Nisthilfe einziehen, sollten in der Nähe verschiedene Blütenpflanzen wachsen, die sie anlocken. Ihr könnt auch ein Netz mit etwas größeren Maschen vor der Nisthilfe anbringen, dann sind die Bienen vor Vögeln geschützt.

Aufgabe

Lies die Bastelanleitung aufmerksam. Baue danach eine Nisthilfe für Wildbienen.

Name: ______________________________ Datum: ____________

Was hast du behalten?

1. Wie heißen die Körperteile der Biene? Schreibe auf die Linien.

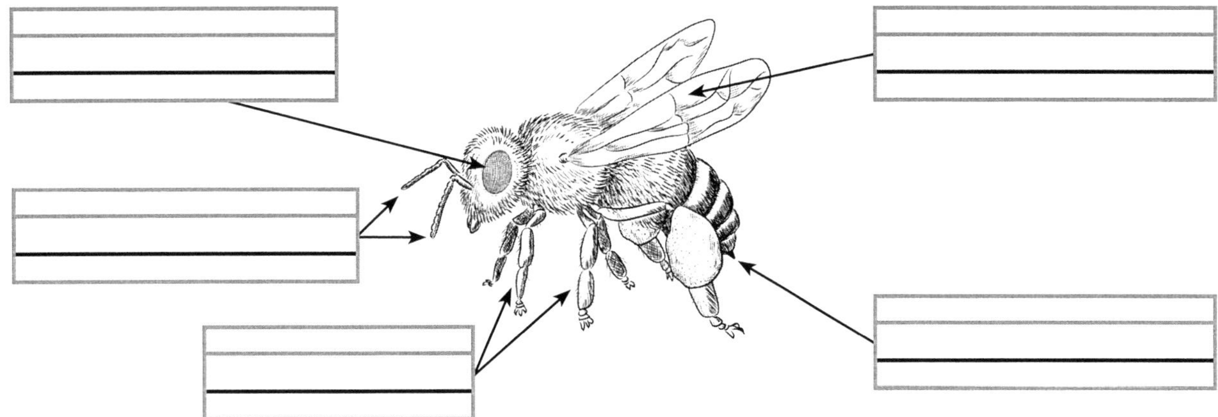

2. Wie heißen die Bienen? Verbinde richtig.

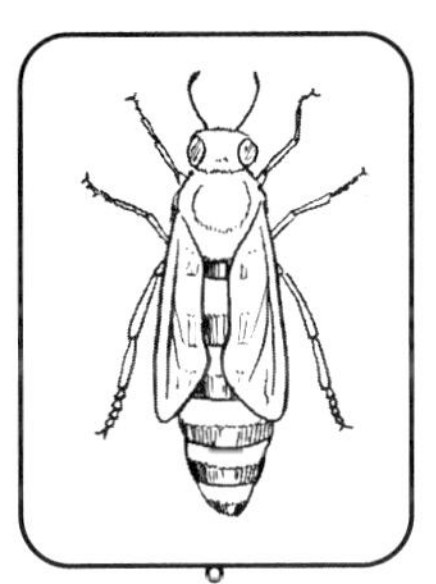
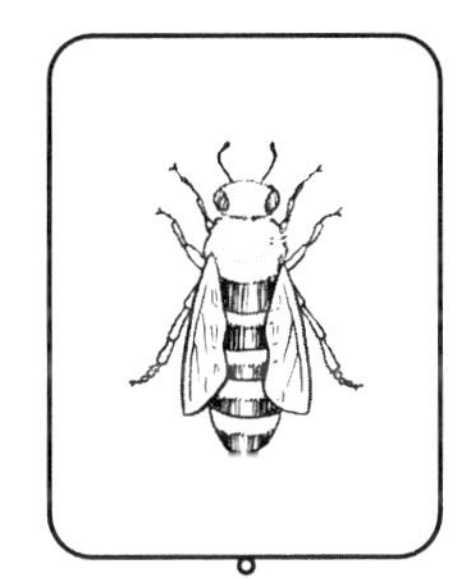
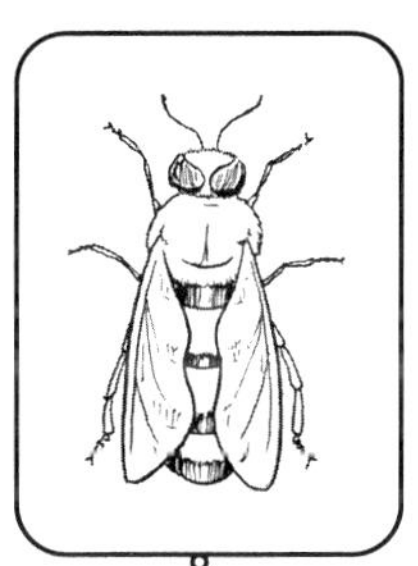

Drohn | Königin | Arbeiterin

3. Nummeriere richtig von 1 – 4.

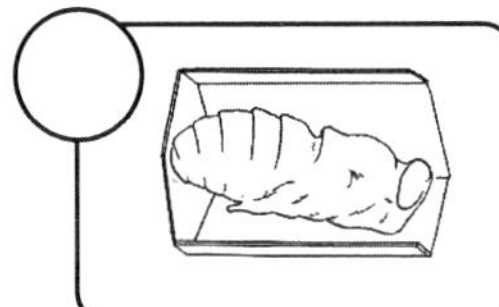
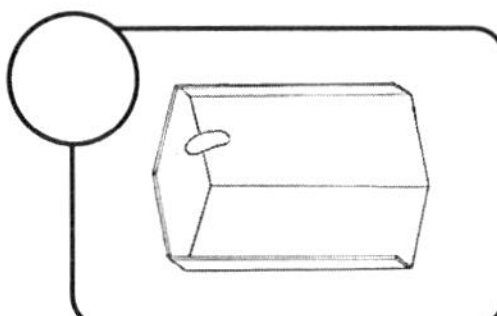
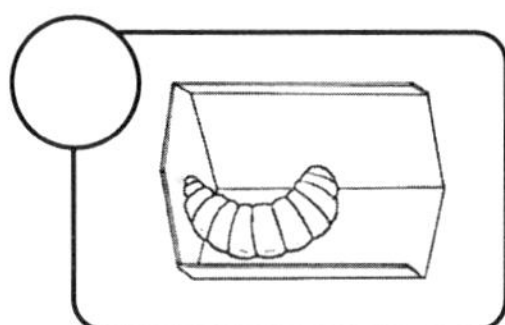

4. Was ist richtig? ☒ Kreuze an.

☐ Bienen trinken Nektar.

☐ Die Drohnen legen die Eier.

☐ Honigbienen leben im Bienenstock.

☐ Alle Bienen haben sechs Beine.

Lösungen

zu S. 9: „Wie sieht eine Biene aus?“ und
zu S. 10: „Die Körperteile der Biene“

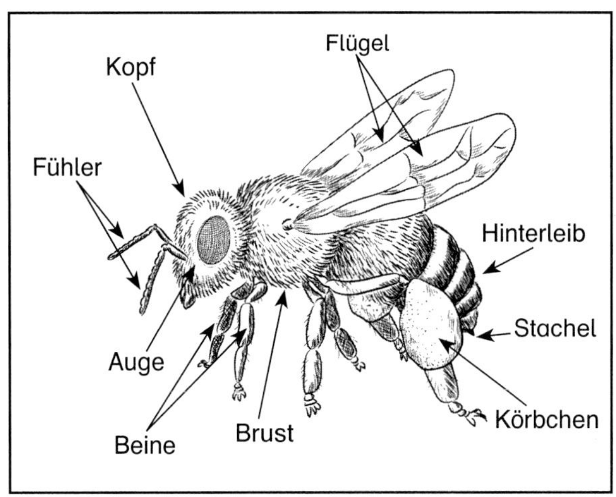

zu S. 12: „Die Biene unter die Lupe genommen (2)“
Lösungssatz: Bienen sind **INSEKTEN.**

zu S. 13: „Im Bienenstock“

 5 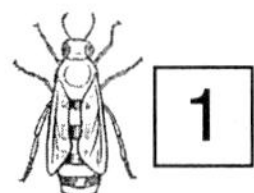 1  2

zu S. 14: „Wer hat welche Aufgabe?“

ARBEITERIN: Die Arbeiterinnen sammeln Pollen.
KÖNIGIN: Die Königin legt die Eier.
DROHN: Die männlichen Bienen heißen Drohnen.

zu S. 17: „Vom Ei zur Biene“ und
zu S. 18: „Die Entwicklung der Biene“

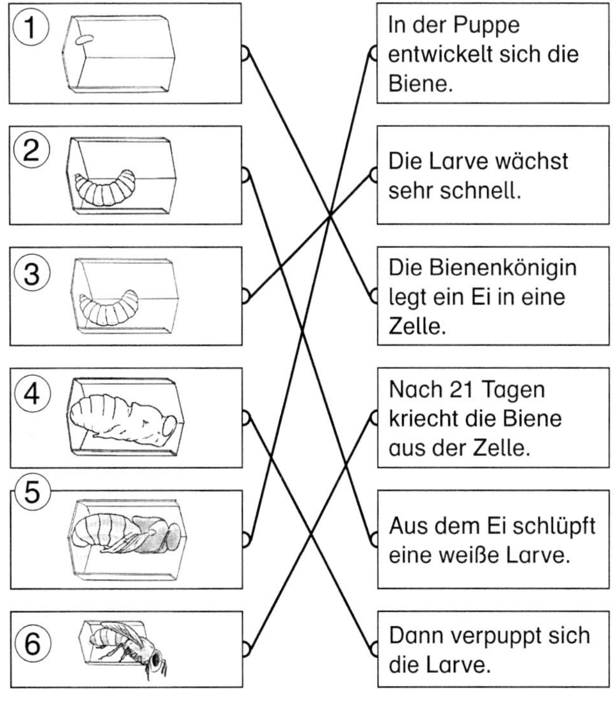

zu S. 19: „Nachwuchs bei den Bienen“

Ei – Larve – Pollen – Honig – häutet – verpuppt – Biene – Zelle

zu S. 23: „Rund um den Honig“

honiggelb – Honigkuchenpferd – Honiglöffel – Honigglas – Honigbiene – Waldhonig – Honigtopf – Honigmelone – Honigkuchen – Tannenhonig – Kleehonig – Rapshonig – Honigbrot – honigsüß – Blütenhonig

zu S. 24: „Die Feinde der Biene“

Spinne – Wespe – Vogel – Hornisse – Bienenwolf – Maus – Varroamilbe

zu S. 26: „Diese Pflanzen mag die Biene“

Apfelbaum – Gänseblümchen – Klee – Löwenzahn – Sonnenblume – Efeu – Krokus

zu S. 28: „Wie heißen die Wildbienen?“

Erdhummel – Filzbiene – Holzbiene – Kegelbiene

zu S. 29: „Wildbienen“

Wildbienen brauchen viele verschiedene **BLÜTEN.**

zu S. 31: „Was hast du behalten?“

1. Wie heißen die Körperteile der Biene?

2. Wie heißen die Bienen?

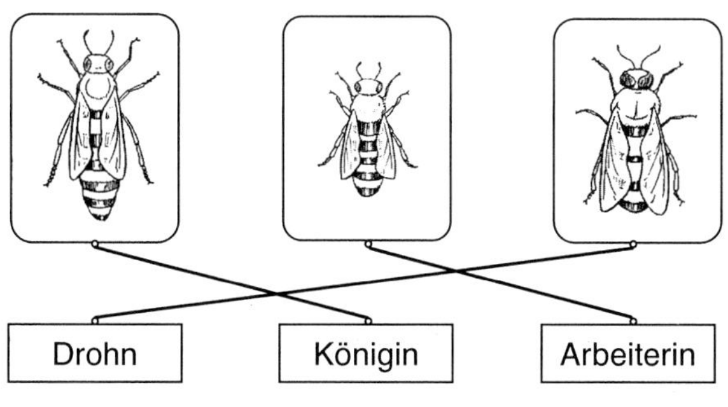

3. Nummeriere richtig von 1 – 4.

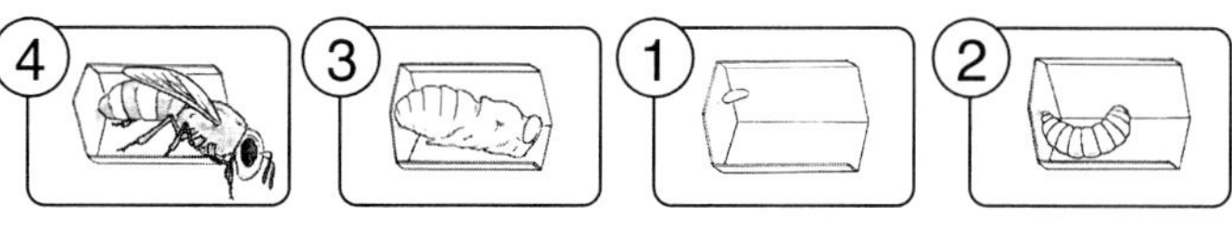

4. Was ist richtig? Kreuze an.

- [x] Bienen trinken Nektar.
- [x] Honigbienen leben im Bienenstock.
- [ ] Die Drohnen legen die Eier.
- [x] Alle Bienen haben sechs Beine.

BVK • Teresa Zabori: Themenheft „Bienen“